Le papillon de monsieur Bidule

À GALAËL BÉGUIN-YUNG,

QUI OUVRE SES GRANDES AILES À LA VIE

G. T.

À MON JEUNE AMI NOÉ BESIN

R. P.

**Catalogage avant publication
de Bibliothèque et Archives Canada**

Tibo, Gilles
Le papillon de monsieur Bidule
Pour enfants.

ISBN 978-2-89512-606-5 (rel.)
ISBN 978-2-89512-607-2 (br.)

I. Paré, Roger, 1929- . II. Titre.
PS8589.I26P36 2007   jC843'.54   C2007-940013-2
PS9589.I26P36 2007

Directrice de collection : Lucie Papineau
Direction artistique et graphisme :
Primeau & Barey

Dépôt légal : 3ᵉ trimestre 2007
Bibliothèque nationale du Québec
Bibliothèque nationale du Canada

Dominique et compagnie
300, rue Arran, Saint-Lambert (Québec)
Canada J4R 1K5
Téléphone : 514 875-0327
Télécopieur : 450 672-5448
Courriel :
dominiqueetcie@editionsheritage.com

www.dominiqueetcompagnie.com

Imprimé en Chine

Nous remercions le Conseil des Arts du Canada
de l'aide accordée à notre programme de publication.

Nous reconnaissons l'aide financière du gouvernement
du Canada par l'entremise du Programme d'aide au
développement de l'industrie de l'édition (PADIÉ) pour
nos activités d'édition.

Nous reconnaissons l'aide financière du gouvernement du Québec par l'entremise du Programme
de crédit d'impôt pour l'édition de livres – SODEC –
et du Programme d'aide aux entreprises du
livre et de l'édition spécialisée.

Le papillon de monsieur Bidule

Texte : Gilles Tibo
Illustrations : Roger Paré

Dominique et compagnie

Pour son quatrième anniversaire de naissance, le petit Bidule
reçut de sa mamie une jolie toupie fleurie. À cinq ans,
on lui donna un ourson qui tenait un bouquet de muguet. À six
ans, il trébucha sur un caillou dont la forme ressemblait
à celle d'une rose. C'est ainsi que, tout petit, monsieur Bidule
se mit à collectionner les objets fleuris.

Au bout de quelques années, sa chambre
contenait près de mille objets tous
plus fleuris les uns que les autres. Heureux,
entouré de fleurs, le jeune Bidule
s'endormait, chaque nuit, en comptant
des moutons fleuris.

Devenu adulte, monsieur Bidule s'installa dans une petite maison
à l'orée d'un grand bois. Il y entassa toute sa collection.
Les trois étages furent remplis de livres, de lampes, de tapis,
de rideaux et de tableaux fleuris.

Mais sur un mur du salon, il y avait un cadre vide. Et,
chaque jour de sa vie, monsieur Bidule se demandait où trouver
l'objet rare qui compléterait sa collection.

Hanté par ce cadre vide, monsieur Bidule entreprit un
long voyage. Dans le désert, il trouva des fleurs dessinées dans
le sable ; au pôle Nord, des rosettes de givre ; sur le bord
de la mer, des reflets qui ressemblaient à des fleurs ; et au-dessus
des montagnes, des nuages qui formaient des bouquets.

Il visita des musées, des magasins d'antiquités
et des boutiques de toutes sortes… Il trouva beaucoup
d'objets fleuris, mais rien, rien, rien qui puisse
convenir au cadre vide.

De retour chez lui, monsieur Bidule reprit ses activités. Mais chaque fois qu'il lavait la vaisselle ou tondait la pelouse, il ne pensait qu'à son cadre vide. Et puis un jour, en réparant la toiture de sa maison, il faillit se casser le cou en apercevant… quoi ? Un papillon aux ailes merveilleusement fleuries.

En vitesse, monsieur Bidule abandonna son échelle et
se précipita dans la maison. Il en ressortit, deux secondes plus
tard, armé d'un filet et vêtu de son habit d'explorateur.

Il se lança entre les grands arbres pour tenter de
retrouver le papillon aux ailes en fleurs. Mais où donc se cachait
l'objet de ses rêves ?

Monsieur Bidule, l'œil aux aguets, s'engouffra dans les profondeurs de la forêt. Plus de cent fois, il crut trouver ce qu'il cherchait. Mais, toujours, ce n'étaient que des gerbes multicolores, des touffes de pissenlits, des fougères dont les ombres dansaient dans la lumière.

Après des heures et des heures de vaines recherches,
monsieur Bidule s'informa auprès d'une famille de saltimbanques.
On lui répondit en jonglant sous la lune :
– Un papillon aux ailes fleuries ? Oui, oui, oui. On en a vu
un très joli. Il s'en allait par là ! Tra la la !

Le lendemain matin, aux premières lueurs de l'aube,
monsieur Bidule parvint au bord d'un étang. Le maître des lieux,
un vieux raton laveur, lui dit :
– Oui, oui, oui, un papillon aux ailes fleuries, j'en ai vu un très joli !
Il s'en allait par là ! Tra la la la !

Monsieur Bidule traversa l'étang dans une vieille chaloupe.
Une grenouille lui dit en chantant :
– Oui, oui, oui, un papillon aux ailes fleuries, j'en ai vu un très joli !
Il s'en allait par là ! Tra la la la la !

Après avoir cherché pendant toute la journée, monsieur Bidule,
fatigué, affamé et découragé, scruta les alentours à l'aide
de ses jumelles. Les étoiles dessinaient d'immenses bouquets
dans le ciel. Soudain, les yeux de monsieur Bidule s'écarquillèrent
de joie. Il aperçut, comme par miracle, là, juste devant lui…
le papillon qui se posait délicatement sur la mousse d'un rocher.

La gorge sèche, le cœur battant et le filet à la main, monsieur
Bidule s'approcha lentement, très lentement. Puis, d'un
coup sec et rapide, il s'empara du papillon. Avec mille précautions,
il l'enferma dans un bocal de verre et voulut tout de suite
retourner à la maison. Mais... c'était dans quelle direction ?

Perdu dans le noir, monsieur Bidule, fasciné par son trésor,
ne dormit pas de la nuit. Il sursautait chaque fois qu'une branche
craquait, chaque fois qu'un animal bougeait, chaque fois
qu'au loin un loup hurlait...

Au lever du soleil, monsieur Bidule put enfin regarder sa boussole, consulter ses cartes et retrouver son chemin. En tenant son trésor sur son cœur, il revint chez lui au pas de course. Puis, à bout de souffle, il se précipita dans le salon pour épingler le papillon dans le cadre de bois.

Aussitôt sorti du bocal, le papillon ouvrit ses grandes ailes,
douces comme de la soie et vibrantes comme la lumière du matin.
Charmé par tant de beauté, de pureté et de fragilité, monsieur
Bidule ne put se résoudre à commettre l'irréparable.

Il ferma les fenêtres de sa demeure et laissa le papillon
voleter en toute liberté.

Depuis ce temps, monsieur Bidule et son ami aux ailes fleuries
coulent des jours heureux. Avec tendresse, le papillon
se pose sur la tête du collectionneur, sur son nez, sur ses oreilles
ou sur le bout de son chapeau. Et de temps à autre,
juste pour faire plaisir à monsieur Bidule...

... le papillon se pose délicatement sur le cadre de bois !